BEI GRIN MACHT SICH IHR WISSEN BEZAHLT

- Wir veröffentlichen Ihre Hausarbeit,
  Bachelor- und Masterarbeit

- Ihr eigenes eBook und Buch -
  weltweit in allen wichtigen Shops

- Verdienen Sie an jedem Verkauf

Jetzt bei www.GRIN.com hochladen und kostenlos publizieren

GRIN ☺

Bibliografische Information der Deutschen Nationalbibliothek:

Die Deutsche Bibliothek verzeichnet diese Publikation in der Deutschen National-
bibliografie; detaillierte bibliografische Daten sind im Internet über http://dnb.d-
nb.de/ abrufbar.

Impressum:

Copyright © 2014 GRIN Verlag, Open Publishing GmbH
Druck und Bindung: Books on Demand GmbH, Norderstedt Germany
ISBN: 9783668257443

Dieses Buch bei GRIN:

http://www.grin.com/de/e-book/336135/ausgesuchte-probleme-der-kapitalkonsoli-
dierung-nach-ifrs

Frederik Küster

Ausgesuchte Probleme der Kapitalkonsolidierung nach IFRS

GRIN Verlag

GRIN - Your knowledge has value

Der GRIN Verlag publiziert seit 1998 wissenschaftliche Arbeiten von Studenten, Hochschullehrern und anderen Akademikern als eBook und gedrucktes Buch. Die Verlagswebsite www.grin.com ist die ideale Plattform zur Veröffentlichung von Hausarbeiten, Abschlussarbeiten, wissenschaftlichen Aufsätzen, Dissertationen und Fachbüchern.

Besuchen Sie uns im Internet:

http://www.grin.com/

http://www.facebook.com/grincom

http://www.twitter.com/grin_com

Private Fachhochschule Göttingen

Ausgesuchte Probleme der
Kapitalkonsolidierung nach IFRS

Frederik Küster

Semesterbegleitende Hausarbeit im Fach International
Accounting/Controlling

Inhaltsverzeichnis

1 Einleitung

Die Hausarbeit soll sich im Kern damit befassen welche Fehler von Unternehmen bezüglich der Eingliederung beherrschter Unternehmen in Ihren Abschluss gemacht werden. Diese Probleme können einfache Definitorische Fehler sein, wie zum Beispiel das ein Unternehmen gehaltene Anteile als Beteiligung einstuft und nicht als Anteile an verbundenen Unternehmen.[1] Aber auch schwerwiegendere Fehler wie z.b. der Ansatz eines Goodwills in der Bilanz trotz nicht Erfüllens der genannten Kriterien im IFRS 3.[2]

Dabei soll einerseits der Fehler dargestellt werden, aber auch die Fehlerursache versucht werden festzustellen. Zu Erst wird in Kapital 2 erläutert, wann ein Unternehmen überhaupt zur Aufstellung eines Konzernabschlusses verpflichtet ist und damit auch zur Konsolidierung seiner Tochterunternehmen. Kapital 3 wird die Methoden darstellen, mit denen die Kapitalkonsolidierung durchgeführt werden kann. Aber auch, welche Voraussetzungen erfüllt sein bzw. welche Entscheidungen getroffen werden müssen um eine klare und korrekte Konsolidierung durchzuführen. Zudem wird versucht den Umgang mit dem Firmenwert an Hand eines Beispiels zu verdeutlichen. Kapital 4 wird die Folgekonsolidierung aufgreifen, da die Inhalte aus Kapitel 3 die Erstkonsolidierung zu großen Teilen beschreiben. Dazu wird versucht dieses an Hand eines Beispiels zu verdeutlichen. Das fünfte Kapitel wird einige markante Fehler darzustellen und deren Fehlerursachen zu verdeutlichen.

2 Die Konzernabschlusspflicht

Ein Konzern setzt sich immer aus dem Mutterunternehmen und einer oder mehrere Beteiligungen an Tochterunternehmen zusammen. Dabei muss das Mutterunternehmen einen Anteil am betreffenden Unternehmen von mehr als 50% halten da sonst kein beherrschendes Verhältnis vorliegt. Diese Tochterunternehmen sind rechtlich selbstständig und auch dazu verpflichtet eine eigene Bilanz aufzustellen.[3]

Seit Anfang 2005 ist es, für kapitalmarktorientierte Unternehmen die ihren Sitz in einem Mitgliedsstaat der Europäischen Union haben, Pflicht einen Konzernabschluss zu erstellen, sofern sie die nationalen Kriterien für einen Konzern erfüllen, bzw. nicht durch Ausnahmeregeln von dieser Rechnungslegung befreit werden.[4]

Als kapitalmarktorientierte Unternehmen sind dabei alle zu verstehen, die Wertpapiere entweder organisiert handeln oder Wertpapiere des eigenen Unternehmens zum Handeln an

---

[1] Vgl. DPR, (China Specialty Glass AG), https://www.bundesanzeiger.de/ebanzwww, 06.01.2014.
[2] Vgl. DPR, (Schlossgartenbau-Aktiengesellschaft), https://www.bundesanzeiger.de/ebanzwww, 06.01.2013.
[3] Vgl. Vahs, D., Schäfer-Kunz, J., (Betriebswirtschaftslehre, 2007), S. 205.
[4] Vgl. Küting, K., Weber, C-P., (Der Konzernabschluss, 2008), S. 91.

einer Börse angemeldet haben. Dabei wird unter dem Begriff Wertpapier verschiedenes gebündelt, zum Beispiel Aktien, Aktien ähnliche Anteile oder Anleihen.[5]

Die nationalen Kriterien sind im HGB in Paragraph 290 bis 293 definiert. Zusammengefasst besagt Paragraph 290, dass ein Mutterunternehmen ein Tochterunternehmen beherrschen muss. Die Kriterien für die Beherrschung werden im §290 genau ausgeführt sind hier aber nicht nötig. Des Weiteren gibt es im Paragraph noch eine Einschränkung. Diese besagt, dass wenn nur Anteile an einem TU gehalten werden sich das Mutterunternehmen von der Pflicht zum Konzernabschluss befreien lassen kann sofern die Kriterien im §296 erfüllt sind. Diese Kriterien sind: 1. Eingeschränkte Ausübung der Rechte des MU auf das TU, 2. Die Aufstellung des Konzernabschlusses sehr kostenintensiv oder zeitaufwendig wäre, 3. Das MU hält die Anteile nur mit dem Ziel des Wiederverkaufs.[6]

Paragraph 291 bis 293 befassen sich mit der Befreiung vom Konzernabschluss. §291 erlaubt die Befreiung, sofern das Unternehmen, welches Anteile an Anderen hält ebenfalls nur die Tochter von einem Unternehmen ist und dieses einen Konzernabschluss erstellt, welcher das zu befreiende Unternehmen und deren Töchterunternehmen einschließt. Dabei muss das aufstellende Unternehmen seinen Sitz innerhalb der EU haben.[7]

§292 befasst sich mit der Möglichkeit der Befreiung von der Konzernabschlusspflicht, bei Unternehmen, deren Mutter ihren Sitz im nicht europäischen Ausland hat.[8] Paragraph 293 ermöglicht es Unternehmen, die eine bestimmte Größe nicht übertreffen sich von der Konzernabschlusspflicht zu befreien. Dabei werden drei Kriterien genannt, wovon mindestens zwei erfüllt werden müssen. Die Werte werden über zwei verschiedene Modelle errechnet. Dass eine ist die Bruttomethode, bei welcher einfach die Unternehmen addiert werden. Dass andere ist die Nettomethode, die konzerninterne Transaktionen herausrechnet und eine Art Testabschluss erfordert. Da die Konsolidierung Thema der Hausarbeit sein soll, wird hier nur die Nettomethode betrachtet.

Die Kriterien dafür sind: 1. Die Bilanzsumme darf 19,25 Mio. € nicht übersteigen, 2. Die Umsatzerlöse dürfen nicht höher als 38,5 Mio. € sein, 3. Im Jahresdurchschnitt dürfen im Konzern nicht mehr als 250 Arbeitnehmer beschäftigt wurden sein.[9]

Sollten diese erfüllt sein bzw. zutreffen, müssen noch die Kriterien, die im IAS 27 zu finden sind abgeglichen werden. Dieser International Accounting Standard sieht prinzipiell einen

---

[5] Bundesministerium der Justiz, (2§ Begriffsbestimmung), http://www.gesetze-im-internet.de/wphg/__2.html, 04.01.2014.
[6] Vgl. o.V., (HGB, 2012), S. 81f und 86f.
[7] Vgl. o.V., (HGB, 2012), S. 82.
[8] die genaue Ausführung dieser Kriterien würde für diese Hausarbeit zu ausführlich werden und ist für den weiteren Inhalt der Arbeit nicht relevant.
[9] Vgl. o.V., (HGB, 2012), S. 83ff.

Konzernabschluss vor, sobald ein Unternehmen mindestens ein Tochterunternehmen hat. Allerdings gibt es einige Ausnahmen, die befreiend wirken. Dazu gehört dass sobald ein übergeordnetes Unternehmen einen Abschluss nach IFRS veröffentlicht, dass Tochterunternehmen dazu nicht mehr verpflichtet ist. Auch kann es von der Konzernabschlusspflicht befreit werden, wenn keine Kapitalmarktorientierung und auch nicht die Planung des selbigen vorliegt. Als letzte Ausnahme ist die Möglichkeit zu nennen, dass das Unternehmen nur einen Eigentümer hat und dieser die Befreiung beantragt oder sollte es noch Minderheitseigentümer geben dieser der Befreiung zugestimmt haben.[10]

Sind all diese Kriterien überprüft und dass Unternehmen kann sich nicht von der Konzernabschlusspflicht befreien lassen ist es zur Aufstellung verpflichtet und muss alle seine Tochterunternehmen in den konsolidierten Abschluss einbinden. Wie dies abläuft wird im nächsten Kapital in gewissen Grenzen dargestellt.

3 Kapitalkonsolidierung

Das Hauptziel der Vollkonsolidierung von Töchterunternehmen ist, dass alle konzerninternen Transaktionen eliminiert werden und somit der Konzern nur mit Transaktionen darstellt wird, die außerhalb des Konzerns getätigt wurden. Dazu ist es notwendig alle Teile der Bilanz, die durch interne Transaktionen beeinflusst wurden zu korrigieren. Dies erfordert die Anwendung die Vollkonsolidierung, die sich aus der Kapital- und der Schuldenkonsolidierung sowie der Zwischenergebniseliminierung und der Aufwands- und Ertragskonsolidierung zusammensetzt. Diese Hausarbeit wird sich nur mit den Methoden befassen, die bei der Kapitalkonsolidierung angewendet werden.[11]

Bei der Kapitalkonsolidierung nach den Vorgaben des IFRS gab es bis 2004 zwei Möglichkeiten. Einerseits die Erwerbsmethode und andererseits die Interessenszusammenführungsmethode. Seit 2004 ist es Unternehmen, die nach IFRS bilanzieren, nicht mehr erlaubt zu wählen, sondern Sie müssen die Erwerbsmethode anwenden.[12] Das Kernthema dieses Kapitels wird die Erwerbsmethode sein, da sie die zu verwendende Methode bei der Bilanzierung nach IFRS ist. Da die Vorgänge bei dieser Methode an sich mit den Vorgängen während der Erstkonsolidierung gleichzusetzen sind wird in Kapitel 4 auf die Folgekonsolidierung eingegangen. Trotzdem wird in 3.2 kurz die Interessenszusammenführungsmethode dargestellt um die Abgrenzung von der Erwerbsmethode zu ermöglichen.

---

[10] Vgl. Herausgeber KPMG AG Wirtschaftsprüfungsgesellschaft, (IFRS visuell 2010), S.68.
[11] Vgl. Küting, K., Weber, C-P., (Der Konzernabschluss, 2008), S. 227.
[12] Vgl. Küting, K., Weber, C-P., (Der Konzernabschluss, 2008), S. 231.

3.1 Erwerbsmethode

Bei der Erwerbsmethode wird angenommen, dass jedes neue Tochterunternehmen durch den Erwerb von Beteiligungen zum Konzern gestoßen ist. Dies setzt voraus, dass Finanzmittel aus dem Konzern abfließen. Das International Accounting Standards Board hat 2004 im IFRS 3 festgelegt, dass alle Unternehmenszusammenschlüsse einen Erwerb darstellen und dadurch die Erwerbsmethode als einzig zulässige Methode festgelegt.[13]

Durch diese Definition ist es für jeden Unternehmenszusammenschluss notwendig den Erwerber zu identifizieren. Dies ist wichtig, da der Käufer die Position des Mutterunternehmens eingeht und somit seine Buchwerte wie gehabt fortführt und die des erworbenen Tochterunternehmens neu bewertet. Dazu ist auch die Bestimmung des Erwerbszeitpunkts nötig. Dadurch wird eine klare Abgrenzung zwischen z.B. alten Gewinnen, die in die Konsolidierung einfließen, und neuen Gewinnen, die in die Gewinn- und Verlustrechnung des Mutterunternehmens einfließen, erreicht.[14] Die Erwerbsmethode geht auch von der Annahme aus, dass ein Tochterunternehmen nicht als ganzes erworben wurde, sondern, dass alle Vermögenswerte und Schulden separat ins Unternehmen gelangt sind. Dabei wird auch ein separater Posten ausgewiesen, der anzeigt, was über den eigentlichen Wert hinaus gezahlt wurden ist. Der sogenannte Goodwill. Dies wird Einzelerwerbsfiktion genannt und macht eine Neubewertung aller Bilanzinhalte notwendig.[15] Dazu müssen die Buchwerte des Tochterunternehmens durch Anschaffungskosten ersetzt werden. Da sich diese aus aktuellen Beschaffungskosten ergeben, sind sie als Zeitwerte anzusehen.[16] Dabei werden Vermögenswerte und Schulden zum fair value bewertet. Der fair value ergibt sich aus aktuell üblichen Marktpreisen, sofern dieser für den Vermögenswert verfügbar sind. Dazu zählen zum Beispiel Ressourcen oder Finanzinstrumente. Ansonsten müssen die Werte von ähnlichen Waren verwendet werden oder durch ein Schätzungsverfahren passende Werte gefunden werden.[17]

3.1.1 Erwerber und Erwerbszeitpunkt

Die genaue Definition für Erwerber und Erwerbszeitpunkt ist im IFRS 3 zu finden. Als Erwerber wird hier generell das Unternehmen angesehen, welches einen beherrschenden Einfluss auf das andere ausüben kann. Die Beherrschung nach IAS 27 liegt vor, sobald der Erwerber mehr als die Hälfte der Anteile am erworbenen Unternehmen inne hält. Dabei kann

---

[13] Vgl. Küting, K., Weber, C-P., (Der Konzernabschluss, 2008), S. 231.
[14] Vgl. Bay, S., (Kapitalkonsolidierung nach IFRS 3, 2008), S. 4ff.
[15] Vgl. Lüdenbach, N., Hoffmann, W-D., (IFRS Kommentar, 2009), S. 1634.
[16] Vgl. Küting, K., Weber, C-P., (Der Konzernabschluss, 2008), S. 233f.
[17] Vgl. Herausgeber KPMG AG Wirtschaftsprüfungsgesellschaft, (IFRS visuell 2010), S. 147.

auch eine Beherrschung über Umwege ausreichen in dem zum Beispiel durch Abmachungen Stimmrechte Dritter kontrolliert werden oder indem durch eine Vereinbarung die Geschäftspolitik kontrolliert werden kann. Da sich die „Beherrschung" dadurch auszeichnet, dass dieser Eigentümer über finanzielle und operative Entscheidungen verfügen und zu seinem Nutzen ausüben kann.[18]

Neben dem Faktor der Beherrschung gibt es noch weitere Punkte, die auf den Erwerber hindeuten können. Dazu zählt unter anderem eine Weitergabe von Zahlungsmitteln oder Vermögenswerten an das andere Unternehmen oder die Übernahme von Schulden des selbigen. Als weiterer Indikator kann der Größenunterschied der Unternehmen angesehen werden. Dabei kann davon ausgegangen werden, dass das größere Unternehmen der Erwerber ist. Als ähnlicher Faktor ist die Einleitung des Unternehmenszusammenschlusses anzusehen, da meistens der Erwerber diesen einleitet.[19]

Der Erwerbszeitpunkt ist mit dem Beginn der Beherrschung gleich zu setzen. Dies geschieht spätestens dann, wenn die Vereinbarung erfüllt ist und das erwerbende Unternehmen seine zugesagten Zahlungen getätigt hat und dafür die Vermögenswerte und gegebenenfalls auch die Schulden des erworbenen Unternehmens übernimmt. Durch bestimmte Klauseln in den Verträgen kann dieser Zeitpunkt nach vorne oder nach hinten verschoben werden, sofern dieses gewünscht ist.[20]

3.1.2 Neubewertungsmethode

Die Neubewertungsmethode beginnt damit, dass alle Werte des Abschlusses des erworbenen Unternehmens an die Bilanzierungsregeln des Erwerbers angepasst werden bzw. mit den im Unternehmen verwendeten Methoden neubewertet werden. Dabei ist eine Besonderheit, dass die stillen Rücklagen und Lasten bereits vor der Konsolidierung aufgedeckt werden. Dies wird auch getan, selbst wenn sich ein Unterschiedsbetrag aus der Aufdeckung ergeben würde.[21] Ein Unterschiedsbetrag bei der Konsolidierung eines erworbenen Unternehmens zeigt den Firmenwert an. Bei einem positiven Wert handelt es sich um einen Goodwill. Dann wurde mehr für das Unternehmen gezahlt, als der Wert der einzelnen Teile. Dies geschieht mit der Annahme, dass das Unternehmen in Zukunft Gewinne erwirtschaften wird. Ein negativer Betrag wird als Badwill bezeichnet. Somit wurde für das Unternehmen weniger bezahlt als der Wert der Komponenten. Somit wurde ein Abschlag auf den Wert des Unternehmens vorgenommen, da man von einer ungünstigen

---

[18] Vgl. Herausgeber KPMG AG Wirtschaftsprüfungsgesellschaft, (IFRS visuell 2010), S.69.
[19] Vgl. Herausgeber KPMG AG Wirtschaftsprüfungsgesellschaft, (IFRS visuell 2010), S.145.
[20] Vgl. Herausgeber KPMG AG Wirtschaftsprüfungsgesellschaft, (IFRS visuell 2010), S.146.
[21] Vgl. Küting, K., Weber, C-P., (Der Konzernabschluss, 2008), S. 238.

zukünftigen Entwicklung ausgeht. Es kann auch den Fall geben, dass trotz positiver zukünftiger Aussichten weniger gezahlt wurde. Dann spricht man von einem Lucky Buy.[22] Sind alle Vermögenswerte die zu niedrig bewertete bzw. alle Werte deren Buchwert den Zeitwert übertrifft offen gelegt müssen deren Werte angepasst und in der absoluten Höhe eine Neubewertungsrücklage gebildet werden. Dies ist nur der Fall, wenn der Betrag der neubewerteten Vermögensgegenstände größer ist als der Buchwert. Ansonsten muss die Differenz zwischen Neubewertung und Buchwert erfolgswirksam in der Gewinn- und Verlustrechnung ausgewiesen werden.[23]

Im nächsten Schritt werden die Vermögenswerte und Schulden mit ihren neuen Werten in den Konzernabschluss übertragen. Nun müssen die Anteile, die das Mutterunternehmen an seiner Beteiligung hält, mir dem Eigenkapital zuzüglich der Rückstellungen, die sich aus der Neubewertung der Werte des Tochterunternehmens ergeben haben, verrechnet werden. Sollte dabei ein negativer bzw. ein positiver Unterschiedsbetrag übrigbleiben handelt es sich bei diesem um den Firmenwert bzw. um den Badwill.[24] Dieser Goodwill/Firmenwert muss noch genauer aufgeteilt werden, da er nach Vorgaben des IFRS nicht abgeschrieben wird, sondern jährlich auf seinen Wert geprüft wird und nötigenfalls außerplanmäßig abgeschrieben wird. Dies erfordert eine Trennung von Goodwill und immateriellen Vermögenswerten.[25] Unter immateriellen Vermögenswerten versteht man z.B. Lizenzen, Markennamen, Technologien, Kundenbeziehungen, Patente oder Nutzungsrechte. Die selbsterstellen Werte davon durften bisher nicht in der Bilanz ausgewiesen werden. Zu diesen Werten lassen sich zum Beispiel die Marke oder die Kundenbeziehungen zählen.[26] Nun ist noch eine Unterscheidung der immateriellen Vermögenswerte in solche mit einer begrenzten Lebensdauer und solche mit einer unbegrenzten vorzunehmen. Solche mit einer klar begrenzten Nutzungsdauer, also z.B. eine erteilte Lizenz, werden gemäß dieser planmäßig abgeschrieben. Vermögenswerte mit einer unbegrenzten Nutzungsdauer, also z.B. der Markenname, werden ähnlich wie der Goodwill behandelt und jährlich auf ihren Wert geprüft.[27]

Nach dem die Trennung zwischen Goodwill und immateriellen Vermögenswerten vorgenommen wurde, ist im letzten Schritt eine Abgrenzung von den Anteilen nötig welche auf die Eigentümer der Minderheit entfallen. Somit wird ausgewiesen, welcher Teil des Eigenkapitals diesen Eigentümern zusteht. Ähnliches muss auch in der Gewinn- und Verlustrechnung vorgenommen werden, damit erkenntlich wird, welcher Teil des

---

[22] Vgl. Coenenberg, A., Haller, A., Schultze, W., (Jahresabschluss und Jahresanalyse 2009), S. 677f.
[23] Vgl. Coenenberg, A., Haller, A., Schultze, W., (Jahresabschluss und Jahresanalyse 2009), S. 171f.
[24] Vgl. Küting, K., Weber, C-P., (Der Konzernabschluss, 2008), S. 238.
[25] Vgl. Bay, S., (Kapitalkonsolidierung nach IFRS 3, 2008), S. 13f.
[26] Vgl. Vahs, D., Schäfer-Kunz, J., (Betriebswirtschaftslehre, 2007), S. 617.
[27] Vgl. Bay, S., (Kapitalkonsolidierung nach IFRS 3, 2008), S. 14.

Überschusses auf die Minderheitseigentümer entfällt.[28] Um zu zeigen, wie sich vereinfacht der Goodwill und der Anteil der Minderheit ergibt, wird dies an Hand eines Beispiels erklärt. Unternehmen A kauft 70% der Anteile von Unternehmen B. Für Diese Zahlt es 1000 Geldeinheiten, obwohl der aktuelle Buchwert des Unternehmens 1200 GE beträgt. Stille Reserven und Lasten sind hier bereits verrechnet. Nach der Bewertung der Vermögenswerte und Schulden mit dem fair value ergibt sich ein Gesamtwert des Unternehmens von 1000 GE. Somit wurde ein Goodwill von 300 GE gezahlt. (1000*70%=700 =>1000-700=300) Also einfallen vom Nettovermögen 700 GE auf das erwerbende Unternehmen und 300 GE auf die anderen Gesellschafter. Der Anteil der anderen Gesellschafter muss auf der Passivseite der Bilanz ausgewiesen werden. Der Goodwill dagegen wird auf der Aktivseite abgebildet.[29]

3.1.3 Full-Goodwill-Methode

Ähnlich wie bei der Neubewertungsmethode müssen zu allererst die Bilanzposten des erworbenen Unternehmens mit aktuelle Anschaffungskosten, also mir zu ermittelnden Fair Values, neubewertet werden. Allerdings ergibt sich bei dieser Methode der Firmenwert nicht aus einer Verrechnung von Beteiligungswert und Eigenkapital sondern aus dem Unterschied zwischen Zeitwert der Beteiligung und dem neubewerteten Eigenkapital. Wird beim Erwerb ein Anteil kleiner als 100% erworben muss dann der Anteil am Goodwill der auf Fremdgesellschafter entfällt ausgewiesen werden. Daher leitet sich auch der Name dieser Methode ab, da sich so ein Goodwill für das gesamte Unternehmen ergibt. Bei dieser Methode sollte sich eigentlich kein passiver Unterschiedsbetrag ergeben, sollte allerdings doch die gezahlten Mittel plus die Anteile von Minderheitseigentümern das Nettovermögen des erworbenen Unternehmens übersteigen, so muss diese Differenz dem beherrschenden Unternehmen erfolgswirksam zugerechnet werden.[30]

Um auch für diese Methode zu zeigen, wie sich der Full Goodwill und der Anteil der Minderheit ergibt, wird das Beispiel der Neubewertungsmethode etwas abgewandelt verwendet. Es werden weiterhin 70% der Anteile für 1000 GE erworben. Der Buchwert beläuft sich ebenfalls auf 1200 GE und alle stillen Lasten und Reserven wurden bereits verrechnet. Der Wert des Unternehmens beläuft sich wie zuvor auf 1000 GE. Somit beträgt der faire Wert der erworbenen Anteile 700 GE. Also wurde 300 GE mehr bezahlt. (1000-700) Dies entspricht dem gezahlten Goodwill. Nun muss noch der Goodwill Anteil der Fremdgesellschafter bestimmt werden. Der Wer der restlichen Anteile beläuft sich auf 360

---

[28] Vgl. Küting, K., Weber, C-P., (Der Konzernabschluss, 2008), S. 238f.
[29] Angelehnt an Coenenberg, A., Haller, A., Schultze, W., (Jahresabschluss und Jahresanalyse 2009), S. 687ff. und an Herausgeber KPMG AG Wirtschaftsprüfungsgesellschaft, (IFRS visuell 2010), S. 150.
[30] Vgl. Küting, K., Stampa, D., (Der Geschäfts- oder Firmenwert), http://www.stampapartners.com, S.15 und Küting, K., Weber, C-P., (Der Konzernabschluss, 2008), S. 240.

GE. (1200*30%) Auf diese Anteile entfällt dann noch ein Goodwill in Höhe von 60 GE, da der faire Wert 300 gewesen wäre. (1000*0,3) Somit sind 700 GE des gezahlten Preises als gezeichnetes Kapital und 300 GE als Goodwill in der Bilanz auszuweisen und ebenso 300 GE als Anteil Fremdgesellschafter und 60 GE als Goodwill Fremdgesellschafter.[31]

3.2 Interessenszusammenführungsmethode

Im Gegensatz zur Erwerbsmethode wird bei der Interessenszusammenführungsmethode nicht davon ausgegangen, dass ein Unternehmen ein anderes Unternehmen erwirbt, sondern, dass zwei Unternehmen sich dazu entscheiden ihre Mittel zu verbinden. Also ihre Tätigkeiten zu verbinden und so effizienter arbeiten zu können. Dabei fließt keine Liquidität aus dem Unternehmen ab und auch die Eigentümer beider Unternehmen bleiben im neuen Unternehmen erhalten. Der Kauf wird meistes durch die gegenseitige Übernahme von Anteilen abgewickelt. Dies sorgt auch dafür, dass keine Neubewertung nötig ist, sondern nur eine Verrechnung des Beeilungsbuchwertes des MU mit dem gezeichneten Kapital des TU. Dabei entstehende Unterschiedswerte müssen mit den Rücklagen verrechnet werden.[32]

4 Folgekonsolidierung

Im Gegensatz zur erfolgsneutralen Erstkonsolidierung wird die Folgekonsolidierung erfolgswirksam vorgenommen. Dabei werden alle Reserven und Lasten je nach ihrem Charakter planmäßig oder außerplanmäßig abgeschrieben. Die immateriellen Vermögenswerte und der Goodwill müssen auf ihren Wert geprüft und nötigenfalls angepasst werden. Dabei kommt es zu Aufwendungen, durch die Abschreibungen, und zu Erträgen durch die Auflösung von z.B. Lasten, die nicht eingetreten sind.[33] Sollte ein Bereich der Bilanz nicht verändert wurden sein, ist bei diesem auch keine Änderung nötig. Sollte es im Tochterunternehmen noch Fremdgesellschafter geben so ist es notwendig, dass deren Anteil am Eigenkapital genau so angepasst werden, wie sich das Eigenkapital des gesamten Unternehmens verändert.[34] Das Eigenkapital verändert sich hierbei durch erzielte Gewinne bzw. Verluste. Eine Anpassung der Kapitalkonsolidierung muss nur dann vorgenommen werden, wenn das MU seine Beteiligung erhöht oder das gezeichnete Kapital des erworbenen Unternehmens verändert wird. Aufgedeckte stille Reserven und Lasten werden

---

[31] Angelehnt an Coenenberg, A., Haller, A., Schultze, W., (Jahresabschluss und Jahresanalyse 2009), S. 691ff. und Herausgeber KPMG AG Wirtschaftsprüfungsgesellschaft, (IFRS visuell 2010), S. 150.
[32] Vgl. Coenenberg, A., Haller, A., Schultze, W., (Jahresabschluss und Jahresanalyse 2009), S. 652f. und Vgl. Küting, K., Weber, C-P., (Der Konzernabschluss, 2008), S. 430ff.
[33] Vgl. Lüdenbach, N., Hoffmann, W-D., (IFRS Kommentar, 2009), S. 1732f.
[34] Vgl. Bay, S., (Kapitalkonsolidierung nach IFRS 3, 2008), S. 35.

aus der Erstkonsolidierung übernommen und wie deren zugehörigen Bilanzposten behandelt.[35] Wie bereits am Anfang dieses Kapitels erwähnt muss der Goodwill jährlich auf seinen Wert geprüft werden. Sollte ein Ereignis stattgefunden haben, dass seinen Wert verringert so muss er außerplanmäßig abgeschrieben werden. Sollte es nicht dazu kommen bleibt der in der Erstkonsolidierung ermittelte Wert erhalten. Alle Wertminderungen werden erfolgswirksam verbucht.[36] Die Methode zur Feststellung einer Wertminderung ist im ISA 36 definiert. Allgemein sagen diese aus, dass alle Vermögenswerte vor der Aufstellung der Bilanz auf ihren Wert zu prüfen sind. Eine Minderung liegt vor, wenn der in der Bilanz stehende Betrag nicht mehr dem erzielbaren entspricht. Der erzielbare Betrag entspricht dem höheren Betrag aus Fair Value (reduziert um Veräußerungskosten) und dem Nutzungswert. Vorgenommene Wertminderungen müssen immer wieder überprüft werden, ob der Grund für deren Durchführung weiter besteht oder ob dieser weggefallen ist. Im letzteren Fall ist dann eine Wertaufholung nötig. Dies ist allerdings beim Goodwill und den immateriellen Vermögenswerten nicht zulässig. Die Feststellung eines Fair Values für den Goodwill ist dabei sehr schwierig, da es keinen Markt für diesen gibt, der Preise liefern könnte. Eine Möglichkeit wäre die Nutzung von Werten die für Unternehmen in der gleichen Branche gezahlt werden, da bei den meisten Übernahmen mehr als der eigentliche Wert entrichtet wird. Der Nutzungswert ist auch kaum festzustellen, da der Goodwill keinen direkten Cash-Flow erzeugt. Die einzige Möglichkeit der Bestimmung liegt darin den Goodwill einer übergeordneten Einheit zuzuordnen, die einen Kapitalzufluss generiert aber auch gleichzeitig unabhängig von anderen Vermögenswerten ist. Kommt es dann bei einer Einheit, welcher ein Teil des Goodwills zugeordnet wurde, so wird bei einer Wertminderung der Selbigen, zu erst der Goodwill abgeschrieben und dann erst die weiteren Vermögenswerte.[37]

5 Ausgesuchte Probleme aus der Praxis

Dieses Kapitel soll sich mit den schwerwiegendsten Problemen beschäftigen, die Unternehmen bei der Konsolidierung haben. Dabei wird sich hauptsächlich auf die Berichte der Deutschen Prüfstelle für Rechnungslegen, kurz DPR, bezogen. Diese Berichte werden allerdings nicht auf der Seite des DPR veröffentlicht, sondern im Bundesanzeiger. Daher wird auch nur dieser als Quelle ausgewiesen.[38] Allerdings werden auf der Seite des

---

[35] Davyova, V., (Ausgewählte Fragen aus Rechnungslegung), http://www.uni-hamburg.de/fachbereiche-einrichtungen/fb03/iwp/rut/Seminar_Master_SS11_T2_Arbeit_1.pdf, 08.01.2014, S.14.
[36] Vgl. Bay, S., (Kapitalkonsolidierung nach IFRS 3, 2008), S. 36.
[37] Vgl. Herausgeber KPMG AG Wirtschaftsprüfungsgesellschaft, (IFRS visuell 2010), S. 96ff.
[38] Um trotzdem den Verweis auf die Seite mit diesen Hinweisen zu liefern wird dies mit dieser Fußnote getan: http://www.frep.info/pruefverfahren/bisherige_fehlerfeststellungen.php

Bundesanzeigers nicht nur vom DPR festgestellte Fehler veröffentlicht. Sondern auch solche, die von der Bundesanstalt für Finanzdienstleistungsaufsicht (BaFin) festgestellt wurden. Auf der Seite des Bundesanzeigers wurden dann alle Fehlerbekanntmachungen die nach dem 1. Januar 2008 veröffentlicht wurden nach möglichen Fehlern im Bereich der Konsolidierung durchsucht. Dabei wurden 3 besonders auffällige Fehler identifiziert, die im Folgenden an Hand von einigen Firmen verdeutlicht werden sollen. In den jeweiligen Fehlerbekanntmachungen wird nur auf die, für dieses Hausarbeit relevanten Punkte eingegangen.

5.1 Konsolidierungspflicht

Die DPR hat im Konzernabschlusses der Novavisions AG aus dem Jahre 2007 ein fehlerhaftes Vorgehen festgestellt. Dabei wurde ein assoziiertes Unternehmen nicht vollkonsolidiert und in den Konzernabschluss einbezogen wurde.[39] Dies geschah aus Sicht des Unternehmens sicher daher, dass bei der Aufstellung der Bilanz angenommen wurde, dass eine Konsolidierung nur nötig ist, wenn eine beherrschende Mehrheit am Unternehmen gehalten wird. Dies ist auch im Allgemeinen richtig. Allerdings wird es durch den IAS 27.13 eingeschränkt. Dieser besagt, dass eine Beherrschung auch dann vorliegen kann, wenn der Einfluss des Investors groß genug ist um etwa Geschäftsführung oder Aufsichtsrat zu bestimmen. Auch kann es ausreichen, wenn der Investor bei Sitzungen dieser Gremien die Mehrheit der Stimmen kontrollieren kann.[40]

5.2 Konsolidierungskreis

Bei der HSH Nordbank hat die DPR festgestellt, dass eine große Anzahl an Unternehmen (323 laut Abschluss von 2009) nicht in den Konzernabschluss eingebunden wurden sind. Dabei stehen die nicht eingebundenen Unternehmen in verschiedenen Verhältnissen zur Nordbank. Es handelt sich sowohl um Tochterunternehmen, als auch um assoziierte und Gemeinschaftsunterhemen Dies verstößt nach Einschätzung des DPR gegen drei International Accounting Standards.[41] Der Grundlegendste davon ist der IAS 27.12, der eine Konsolidierung aller Tochterunternehmen vorschreibt. Somit hätten alle als Tochterunternehmen anzusehen Unternehmen einer Vollkonsolidierung untersogen werden müssen und in die Konzernbilanz einbezogen werden müssen. IAS 28.13 regelt die Einbeziehung von Anteilen an assoziierten Unternehmen. Dazu wird die Equity Methode

[39] Vgl. DPR, (Novavisions AG), https://www.bundesanzeiger.de/ebanzwww, 09.01.2014.
[40] Vgl. Herausgeber KPMG AG Wirtschaftsprüfungsgesellschaft, (IFRS visuell 2010), S. 69.
[41] Vgl. DPR, (HSH Nordbank AG), https://www.bundesanzeiger.de/ebanzwww, 09.01.2014.

vorgeschrieben, die den Beteiligungswert als Grundlage verwendet. Dabei wird dieser um die auf seinen Anteil entfallenen Eigenkapitalveränderungen im assoziierten Unternehmen verändert.[42]

Als letztes wird noch die Einbeziehung von Gemeinschaftsunternehmen nach IAS 31.30 vom DPR als nicht angewendet ausgewiesen bzw. die Nordbank hat durch nicht beachten der Vorschrift gegen diese Verstoßen. Dieser Standard sieht für Gemeinschaftsunternehmen eine Quotenkonsolidierung vor.[43]

5.3 Geschäfts- und Firmenwert und Wertminderungstest

Das größte Problem für Unternehmen bei der Aufstellung ihres Abschlusses scheint in der klaren Trennung von Firmenwert und immateriellen Vermögenswerten zu liegen. Dies soll jetzt an Hand von drei Firmen verdeutlicht werden. Sowohl bei der _wige MEDIA AG als auch bei der euromicon Aktiengesellschaft wurde der Firmenwert falsch angesetzt, da immaterielle Vermögenswerte gar nicht oder unzureichend angesetzt wurden.[44] Als immaterielle Vermögenswerte[45] hätten die beiden Unternehmen nach Meinung des DPR Kundenstamm, Auftragsbestand und Markenrechte aktiveren müssen. Dies wird durch IFRS 3.B31-34 verlangt. Dazu hätten die Vermögenswerte mit einem Zeitwert verstehen werden müssen, der zum Zeitpunkt des Erwerbs Gültigkeit hatte.[46] Dabei scheint es den Unternehmen schwer zufallen Werte für Vermögensgegenstände wie etwa den Kundenstamm zu finden, da es keinen Markt gibt, der für diese und ähnliche Werte Preise vorgibt.

6 Schlussbemerkung

Abschließend lässt sich sagen, dass die Bilanzierung nach IFRS und somit auch die Konsolidierung nach diesen Standards eine sehr komplexe Angelegenheit ist. Allerdings ist es von großem Vorteil, wenn es international einen einheitlichen Standard gibt, da so Investoren, Eigentümer und Aktionäre Unternehmen vergleichen können und sich sicher sein können, dass die Vermögens- oder Ertragslage nicht durch nationale bilanzpolitische

---

[42] Vgl. Küting, K., Weber, C-P., (Der Konzernabschluss, 2008), S. 520.
[43] Vgl. Herausgeber KPMG AG Wirtschaftsprüfungsgesellschaft, (IFRS visuell 2010), S. 71 und S. 77 und S. 83.
Auf die Quotenkonsolidierung wird hier nicht weiter eingegangen. Für weitere Erklärungen dazu siehe:
Coenenberg, A., Haller, A., Schultze, W., (Jahresabschluss und Jahresanalyse 2009), S. 700f.
[44] Vgl. DPR, (euromicron Aktiengesellschaft), https://www.bundesanzeiger.de/ebanzwww, 09.01.2014. und DPR,
(_wige MEDIA AG), https://www.bundesanzeiger.de/ebanzwww, 09.01.2014.
[45] Siehe Definition in Kapitel 3.1.2
[46] Vgl. o.V., (IFRS 3), http://www.iasplus.com/de/standards/ifrs/ifrs3, 09.01.2014.

Spielräume verzehrt wurde. Zudem hilft es auch den Unternehmen, da sie so Konkurrenten besser einschätzen können.

Trotz all dieser Vorteile gibt es auch einige Probleme die sich aus den International Standards ergeben. Was sich daraus ableiten lässt, dass viele Unternehmen Probleme damit haben die Standards richtig zu interpretieren bzw. anzuwenden. Dies wird auch in der großen Anzahl der durch die DPR veröffentlichten Fehlerbekanntmachungen deutlich. Diese Prüfstelle hat alleine in den Jahren 2007 bis 2013 mehr als 190 Fehler festgestellt und diese bekannt gemacht. Aus dem Jahresbericht 2012 des DPR geht hervor, dass die Fehlerquote im Durchschnitt bei 23% liegt. Auch geht auch diesem Bericht hervor, dass die meisten Fehler beim Umgang mit Unternehmenserwerb, dem Goodwill und dessen Wertminderungstest, und auch bei der Konsolidierung entstanden sind. Dies geht nach Einschätzung des DPR auf einen Schwierigkeit bei der Anwendung einzelner International Financial Reporting Standards zurück. Diese Schwierigkeit wird auch mit dem großen Umfang einiger Standards in Verbindung gebracht.[47]

---

[47] Vgl. Präsidium der Prüfstelle, (Tätigkeitsbericht 2012), http://www.frep.info/docs/jahresberichte/2012/2012_tb.pdf, 09.01.2014.

7 Literaturverzeichnis

Coenenberg, A., Haller, A., Schultze, W., (Jahresabschluss und Jahresanalyse 2009), Jahresabschluss und Jahresabschlussanalyse. Betriebswirtschaftliche, handelsrechtliche, steuerrechtliche und internationale Grundsätze – HGB, IFRS, US-GAAP, 21., überarbeitete Auflage, Stuttgart 2009.

Bay, S., (Kapitalkonsolidierung nach IFRS 3 2008), Kapitalkonsolidierung nach IFRS 3. Unter besonderer Berücksichtigung der Behandlung immaterieller Vermögenswerte einschließlich des Goodwills im Rahmen von Unternehmenserwerben gemäß IFRS 3 und bilanzpolitischer Spielräume, 1. Auflage, Hamburg 2008.

Küting, K., Weber, C-P., (Der Konzernabschluss 2008), Der Konzernabschluss. Praxis der Konzernrechnungslegung nach HGB und IFRS, 11. Auflage, Stuttgart 2008.

Herausgeber KPMG AG Wirtschaftsprüfungsgesellschaft, (IFRS visuell 2010), IFRS visuell. Die IFRS in strukturierten Übersichten, 4. Auflage, Stuttgart 2010.

Lüdenbach, N., Hoffmann, W-D., (IFRS Kommentar 2009), IFRS Kommentar. Das Standardwerk, 7. Auflage, Freiburg 2009.

Vahs, D., Schäfer-Kunz, J., (Betriebswirtschaftslehre 2007), Einführung in die Betriebswirtschaftslehre, 5., überarbeitete und erweiterte Auflage, Stuttgart 2007.

Bundesministerium der Justiz, (2§ Begriffsbestimmung), 2§ Begriffsbestimmung, http://www.gesetze-im-internet.de/wphg/__2.html, 04.01.2014.

o.V., (HGB 2012), Handelsgesetzbuch, 53. Auflage, München 2012.

DPR, (China Specialty Glass AG), China Specialty Glass AG,
https://www.bundesanzeiger.de/ebanzwww/wexsservlet?session.sessionid=4389b4dbf2eeb8cbae435083a3f81c7d&page.navid=detailsearchlisttodetailsearchdetail&fts_search_list.selected=a98d02b8683bb6d2&fts_search_list.destHistoryId=52471, 06.01.2014

DPR, (Schlossgartenbau-Aktiengesellschaft), Schlossgartenbau-Aktiengesellschaft,
https://www.bundesanzeiger.de/ebanzwww/wexsservlet?session.sessionid=4389b4dbf2eeb8cbae435083a3f81c7d&page.navid=detailsearchlisttodetailsearchdetail&fts_search_list.selected=b63305641a25e04c&fts_search_list.destHistoryId=14461, 06.01.2014.

Davyova, V., (Ausgewählte Fragen aus Rechnungslegung), Ausgewählte aktuelle Fragen aus Rechnungslegung, Wirtschaftsprüfung und Controlling, http://www.uni-hamburg.de/fachbereiche-einrichtungen/fb03/iwp/rut/Seminar_Master_SS11_T2_Arbeit_1.pdf, 08.01.2014.

Küting, K., Stampa, D., (Der Geschäfts- oder Firmenwert), Der Geschäfts- oder Firmenwert in den Konzernabschlüssen deutscher IFRS-Bilanzierer, http://www.stampapartners.com/fileadmin/media/downloads/ARTICLE_Kueting_Stampa_Goodwill_endgueltig_20100823_de.pdf, 08.01.2014.

DPR, (Novavisions AG), Novavisions AG,
https://www.bundesanzeiger.de/ebanzwww/wexsservlet?session.sessionid=4389b4dbf2eeb8cbae435083a3f81c7d&page.navid=detailsearchlisttodetailsearchdetail&fts_search_list.selected=e8b5945ac71f362b&fts_search_list.destHistoryId=59957, 09.01.2014.

DPR, (HSH Nordbank AG), HSH Nordbank AG,
https://www.bundesanzeiger.de/ebanzwww/wexsservlet?session.sessionid=4389b4dbf2eeb8cbae435083a3f81c7d&page.navid=detailsearchlisttodetailsearchdetail&fts_search_list.selected=f7adb3e9d1b6886d&fts_search_list.destHistoryId=59957, 09.01.2014.

o.V., (IFRS 3), IFRS 3 Unternehmenszusammenschlüsse, http://www.iasplus.com/de/standards/ifrs/ifrs3, 09.01.2014.

DPR, (euromicron Aktiengesellschaft), euromicron Aktiengesellschaft communication & control technology, https://www.bundesanzeiger.de/ebanzwww/wexsservlet?session.sessionid=4389b4dbf2eeb8cbae435083a3f81c7 d&page.navid=detailsearchlisttodetailsearchdetail&fts_search_list.selected=a4d789c346988b5d&fts_search_list.d estHistoryId=59957, 09.01.2014.

DPR, (_wige MEDIA AG), _wige MEDIA AG, https://www.bundesanzeiger.de/ebanzwww/wexsservlet?session.sessionid=4389b4dbf2eeb8cbae435083a3f81c7 d&page.navid=detailsearchlisttodetailsearchdetail&fts_search_list.selected=4acecbda409243ff&fts_search_list.de stHistoryId=59957, 09.01.2014.

Präsidium der Prüfstelle, (Tätigkeitsbericht 2012), Tätigkeitsbericht 2012, http://www.frep.info/docs/jahresberichte/2012/2012_tb.pdf, 09.01.2014.

BEI GRIN MACHT SICH IHR WISSEN BEZAHLT

- Wir veröffentlichen Ihre Hausarbeit,
  Bachelor- und Masterarbeit

- Ihr eigenes eBook und Buch -
  weltweit in allen wichtigen Shops

- Verdienen Sie an jedem Verkauf

Jetzt bei www.GRIN.com hochladen und kostenlos publizieren